Vom Postplatz zum Rathaus

[1] Postplatz

Parken im Parkhaus des City-Centers, 5 € pro Tag

Der Postplatz stellt das Bindeglied zwischen der historischen Altstadt und dem gründerzeitlichen Geschäftsviertel der Südvorstadt dar, welches sich bis zum Bahnhof erstreckt. Der frühere »Plan« diente bis 1845 als Viehmarkt. Mit dem Bau des Bahnhofs 1847 erhielt das Areal eine wachsende Attraktivität für Geschäftsleute. Nachdem 1855 an der Ostseite das Postgebäude eröffnet worden war, erwarb der Kaufmann Eduard Schulze 1863 das große Grundstück des mittelalterlichen Frauenspitals an der Nordflanke. Fünf Jahre später konnte das an dieser Stelle errichtete, ungewöhnlich große Bauwerk in historistischer Gestaltung eröffnet werden, in dessen durch einen figurengeschmückten Balkon hervorgehobenen Mitteltrakt das Hotel Victoria einzog. Das Königliche Kreisgericht bezog 1865 den Klinkerbau an der Westseite des Postplatzes.

1889 wurde die gärtnerische Gestaltung des Platzes fertiggestellt. Auf Initiative des Freiherrn von Puttkamer wurde der Brunnen in der Platzmitte 1887 nach Entwürfen des Breslauer Bildhauers Robert Toberenz

Robert Viktor von Puttkamer
1828–1900, preußischer Staatsmann. Nach einem Jurastudium trat der aus altem pommerschen Adel stammende Puttkamer 1854 in den preußischen Staatsdienst. Nach verschiedenen Ämtern wurde er 1877 Oberpräsident der preußischen Provinz Schlesien. In dieser Funktion setzte er sich für die Ausgestaltung von Görlitz ein und bewirkte, dass der Staat Preußen den Großteil der Kosten für die Brunnenanlage auf dem Postplatz übernahm. 1881–1888 war Puttkamer preußischer Innenminister, 1873–1891 gehörte er dem Reichstag an.

Werner Fink
1902–1978, Kabarettist und Schauspieler. Fink wurde in Görlitz als Sohn eines Apothekers geboren. Schon als Kunststudent in Dresden begann er mit der Schauspielerei. 1929 kam Fink nach Berlin und gründete das Kabarett »Die Katakombe«. Nach Kriegseinsatz und amerikanischer Gefangenschaft gründete er in Zürich und Stuttgart wieder Kabaretts und spielte in zahlreichen Filmen mit. Fink wurde in München begraben.

angefertigt. Wegen der charakteristischen Bronzefigur erhielt er im Volksmund den Namen »Muschelminna«. Das Postament aus Carrara-Marmor wird von zwei weiblichen und zwei männlichen überlebensgroßen Figuren geschmückt. Die »Muschelminna« wurde 1938 für Rüstungszwecke eingeschmolzen und erst 1994 als Nachguss neu aufgestellt.

Das Postamt wurde 1887 repräsentativ neu gestaltet. Die Ecke zur Berliner Straße bekam im frühen 20. Jahrhundert ein neues Aussehen. Anstelle des Stadtkrankenhauses wurde bis 1911 die Sparkasse mit dem markanten Eckturm in Jugendstilformen errichtet.

[2] Frauenkirche

Täglich 10–18 Uhr

An der Nordseite des Postplatzes sieht man die Frauenkirche. Ursprünglich stand an dieser Stelle die Kapelle eines Spitals. 1449 begann der Bau der Frauenkirche, die 1473 geweiht wurde. Eine Besonderheit war, dass sie keine eigene Pfarrgemeinde hatte, sondern durch Spenden reicher Görlitzer Bürger unterhalten wurde. Die dreischiffige spätgotische Hallenkirche hat ein feingliedriges Netzrippengewölbe, in dessen Schlusssteinen die »Sieben Freuden Marias« dargestellt sind. 1869/70 wurde der Innenraum im Sinne der Neogotik umgestaltet. Der ursprünglich kleinere Turm wurde 1696/97 erhöht und bekam 1735 eine barocke Haube. Über dem Westportal ist eine Verkündigungsgruppe mit dem Erzengel Gabriel und der Jungfrau Maria zu sehen. In die Außenwände der Frauenkirche sind mehrere historische Grabplatten eingelassen.

[3] Ehemalige Synagoge

An der Ostseite der Frauenkirche erstreckt sich heute das moderne City-Center mit seinen Geschäften und Imbiss-Gaststätten. Dahinter beginnt die Struvestraße, deren Verlauf man folgt, um zur Synagoge an der abzweigenden Otto-Müller-Straße zu gelangen.

Mehrfach wurden die Juden in Görlitz aus der Stadt vertrieben, zuerst nach der Pestepidemie 1348, nochmals 1395. Doch mit dem preußischen Toleranzedikt von 1847 wuchs die israelitische Gemeinde in der Stadt schnell an. 1909 begann der Bau einer neuen Synagoge, die 1911 eröffnet wurde. Entworfen wurde

der repräsentative Bau mit Jugendstilelementen vom renommierten Dresdner Architekturbüro Lossow & Kühne. Die nationalsozialistische Pogromnacht vom 9. November 1938 richtete nur geringen Schaden an, doch die jüdische Gemeinde existierte nach 1945 nicht mehr. Das Bauwerk wurde 1963 von der Stadt erworben, verfiel aber weiter. Eine teilweise Sanierung erfolgte erst ab 1991. Seit 2008 wird die frühere Synagoge als multifunktionale Kultur- und Begegnungsstätte genutzt.

[4] Heilig-Kreuz-Kirche

Mehr als 300 Jahre nach der Einführung der Reformation in Görlitz wurde 1835 erstmals wieder eine katholische Gemeinde gegründet. Der Grundstein für die Heilig-Kreuz-Kirche wurde 1850 gelegt, am 27. April 1853 konnte das Gotteshaus geweiht werden. Das aus Königshainer Granit errichtete Bauwerk wurde im schlichten Rundbogenstil mit neobyzantinischen Schmuckelementen gestaltet. Architekt war August Soller, ein Schüler Karl Friedrich Schinkels, der vor allem in Berlin als Kirchenbaumeister tätig war. 2001 wurde in der Heilig-Kreuz-Kirche eine Marienkapelle mit der Nachbildung der berühmten Schwarzen Madonna von Tschenstochau als Geschenk polnischer Katholiken geweiht.

[5] Elisabethstraße

Geht man von der Heilig-Kreuz-Kirche linkerhand die Joliot-Curie-Straße entlang, stößt man bald auf die breite Elisabethstraße. Es handelt sich eigentlich mehr um einen Platz als um eine Straße. Mit dem Abriss der Stadtmauern um die Mitte des 19. Jahrhunderts entstand auf dem Areal der früheren Befestigungsanlagen in diesem Abschnitt ein Viertel für gutbetuchte Bürger. Seinen Namen erhielt der Straßenzug nach der Frau des preußischen Königs Friedrich Wilhelm IV., der 1844 Görlitz besuchte und in den Rang einer Großstadt erhob. 1854 wurde das Gebäude der Preußischen Bank, später Reichsbank, errichtet. Wenig später legte man die Promenade mit der vierreihigen Baumbepflanzung an. Das auffälligste Gebäude ist eine 1875 errichtete Schule an der Ecke zur Klosterstraße, deren Mitteltrakt reichen figürlichen Schmuck trägt. Über dem Eingang sind Diesterweg, Pestalozzi, Jahn und Fichte abgebildet, im ersten Stockwerk stehen allegorische Frauenfiguren, Kunst und Wissenschaft verkörpernd, und die Balustrade bekrönen Allegorien für Handel und Gewerbe. Wie schon im 19. Jahrhundert ist die »Eli« auch heute der Platz für Wochenmärkte in Görlitz.

Friedrich Wilhelm IV. *1795–1861, König von Preußen. Nach dem Tod seines Vaters wurde Friedrich Wilhelm IV. 1840 zum König gekrönt. Seit 1823 war Elisabeth Ludovika von Bayern seine Frau; die Ehe blieb kinderlos. Obwohl der König im Gegensatz zu seinem Vater eine Politik der Toleranz betrieb, wurde seine Regentschaft durch die Revolution 1848 erschüttert. Er wurde zu Zugeständnissen, darunter die Aufhebung der Pressezensur, gezwungen. Wegen einer schweren Erkrankung veranlasste ihn Elisabeth 1858, die Regierung an seinen Bruder Wilhelm I. abzutreten.*

Das Gymnasium Augusteum

[6] Dreifaltigkeitskirche

Di–Sa 10–18 Uhr, So 11–18 Uhr,
Führungen Di und Do 15 Uhr

Von der Elisabethstraße aus sieht man schon das neogotische Gymnasium Augusteum, dem 1854 die alten Anlagen des Franziskanerklosters mit Ausnahme der Dreifaltigkeitskirche weichen mussten. Die Schule ist noch heute direkt mit der Kirche verbunden. Der Brunnen auf dem anschließenden Klosterplatz wird als »Zecherpaar« bezeichnet, obwohl nur der Mann in der Wanne liegend trinkt, die Frau hingegen Wäsche auswringt. Geschaffen wurde er von der Görlitzer Künstlerin Gisela Mauermann 1999.

Die Franziskaner errichteten 1234 ein Kloster in Görlitz, das sich ihrer Tradition entsprechend an der (damaligen) Stadtgrenze befand. Die Kirche wurde, auch dies war typisch für den Bettelorden, als Saalkirche errichtet. Aus dieser Zeit haben sich zwei romanische Säulen am Triumphbogen erhalten. 1245 erfolgte die Weihe mit der Gottesmutter und dem Ordensgründer, dem Hl. Franziskus, als Patrone. Beim ersten Umbau 1371–1381 erhielt die Kirche einen oktogonalen gotischen Chorabschluss im Osten. Zugleich wurde der Turm errichtet, der im Volksmund

Skulptur »Christus auf der Rast« und Flügelaltar in der Barbarakapelle

»Mönch« genannt wird und erst 1607 seine heutige Gestalt erhielt. Das Langhaus wurde 1420–1450 neu errichtet und dabei auch die Barbarakapelle angefügt. 1508 erhöhte man den Westgiebel, damit erhielt die Kirche ihre jetzige äußere Wirkung.

Die Barbarakapelle ist reich mit Kunstwerken ausgestattet. Neben dem ältesten Görlitzer Grabstein von 1381 und der erhaltenen Deckenausmalung sind dies der Flügelaltar mit der »Goldenen Maria« (1510), ein gemalter Passionszyklus, die Holzskulptur »Christus auf der Rast« und die Grablegungsgruppe von Hans Olmützer, 1493 geschaffen.

Nach der Einführung der Reformation sank die Zahl der Mönche. Unter der Maßgabe, dass die Stadt in den Gebäuden eine Schule einzurichten habe, übergab 1564 der letzte Mönch die Anlage an den Rat. Obwohl tatsächlich im gleichen Jahr ein Gymnasium eröffnet wurde, verfiel die Kirche in der Folge zunehmend. Erst 1715 renovierte man sie. Die nunmehr evangelische Kirche wurde der Hl. Dreifaltigkeit gewidmet. Der barocke Altar im Chor stammt aus dieser Zeit. Er wurde von Caspar G. von Rodewitz, einem Schüler Permosers, geschaffen.

Vor der Dreifaltigkeitskirche, am östlichen Ende des Obermarktes, steht seit 2000 wieder der Georgsbrunnen. Er wurde 1673/74 von Johann Anton und Hans Pfüster geschaffen und in der Geschichte mehrfach umgesetzt und verändert. Die barocke Säule wurde erst im 18. Jahrhundert geschaffen. Die Bezeichnung des Brunnens ist eine volkstümliche Deutung. Dem wappentragenden Ritter, zu dessen Fuß ein böhmischer Löwe liegt, fehlen die traditionellen Attribute des Drachentöters Georg.

[7] Schönhof

Schlesisches Museum Di–So 10–17 Uhr

Am Georgsbrunnen beginnt die Brüderstraße, in der viele Geschäfte und Gaststätten sowie schöne Portale aus verschiedenen Stilepochen zu finden sind. Am östlichen Ende ragt der Schönhof in die Flucht der Brüderstraße. Dieser Brauhof wurde nach dem großen Stadtbrand 1525 von Stadtwerkmeister Wendel Roßkopf d. Ä. errichtet. Dabei bezog er drei Vorgängerbauten ein, wie an den versetzten Geschossebenen gut zu erkennen ist. Im Keller haben sich gotische Gewölbe erhalten. Die Jahreszahl 1526 an der Fassade macht den Schönhof zum ältesten datierten Renaissancehaus Deutschlands. Für Görlitz war dieser Stil ein Novum. Typisch für Roßkopf ist die bandartige Zusammenfassung von Fenstern. Das Portal wurde allerdings erst 1617 eingefügt, als die Renaissance zu Ende ging. Auch die Eingangshalle ist in der überwölbten Ausformung ein Werk des 17. Jahrhunderts. Im Inneren ist vor allem der Festsaal mit der bemalten Holzbalkendecke von Bedeutung. Der 1733 abgetragene Giebel des Schönhofes zum Untermarkt wurde ebenso wie der Dachreiter erst bei der Sanierung 1995 wieder hergestellt.

Wendel Roßkopf d. Ä. *Um 1480–1549, Baumeister. Obwohl Roßkopf nie in Italien war, gilt er als Pionier der Renaissance-Baukunst nicht nur in Görlitz, sondern auch in den umgebenden Regionen. Seine Ausbildung erhielt er in Prag in der königlichen Bauhütte unter Benedikt Ried. Um 1517 kam er nach Görlitz, wurde Ratsbaumeister und erhielt 1520 das Bürgerrecht, ab 1523 gehörte er auch dem Rat an. Umstritten ist, welche Görlitzer Bauten er wirklich entwarf. Neben Schönhof und Rathaustreppe gehört zweifellos ein Turm der Nikolaikirche dazu. Auch sein gleichnamiger Sohn wurde Baumeister.*

SCHLESISCHES MUSEUM ZU GOERLITZ

In dem tief gestaffelten Gebäudekomplex befindet sich das Schlesische Museum. Nachdem 1996 eine Stiftung geschaffen wurde, konnten 2001 erste Ausstellungsräume übergeben werden, fünf Jahre später das ganze Museum. Es dokumentiert mit einer Vielzahl von Exponaten die wechselvolle Geschichte Schlesiens.

Gegenüber dem Schönhof lädt das Restaurant »Brüders« ein (Brüderstraße 1, April – Oktober ab 12 Uhr, November – März ab 17 Uhr).

[8] Rathaus

Turmbesteigung Mi–So 11–18 Uhr zu jeder vollen Stunde

Das Stadtrecht bekam Görlitz 1305 verliehen, doch erst um die Mitte des 14. Jahrhunderts wurde ein Verwaltungssitz geschaffen, zunächst in einem Privathaus am Untermarkt, das 1369 erstmals erwähnt wurde. Mehrere Umbauten und Erweiterungen folgten, so wurde u.a. der kleine Turm 1511–1516 durch Stadtbaumeister Albrecht Stieglitzer auf 60 Meter erhöht. Die Treppe mit der Verkündungskanzel, ein Wahrzeichen der Stadt, schuf 1537/38 Wendel Roßkopf d.Ä. Zu dem Ensemble gehört die reich verzierte Justitia-Statue, die aber erst 1591 ergänzt wurde. Die Allegorie der Gerechtigkeit trägt hier keine Augenbinde, da sie die freie Gerichtsbarkeit der Stadt symbolisiert. An der Wand über der Treppe befindet sich seit 1488 das Wappen des Ungarnkönig Matthias Corvinus.

Der rückseitige Archivflügel des Rathauses ist ebenfalls ein Werk Roßkopfs, errichtet 1534. Die Fassade über den Arkadenbögen ist reich, aber ausgewogen mit Ornamenten im Stile der frühen Renaissance dekoriert. Im »Wappensaal« hinter der vierachsigen Fensterfront des Obergeschosses lagern seit Jahrhunderten die wichtigsten Dokumente des Rates. Auffälligstes bauliches Detail des Rathaushofes ist der Gerichtserker, der 1564 von Wendel Roßkopf d.J. geschaffen.

Der Turm erhielt nach einem Blitzschaden von 1742 seine heutige Gestalt durch Samuel Suckert. Zum Untermarkt hin zieren ihn zwei große Uhren von 1524. Das ursprünglich 24-teilige untere Ziffernblatt wurde 1584 von Bartholomaeus Scultetus durch eine Zwölferteilung ersetzt. Der Wächterkopf in der Mitte geht auf eine Sage zurück. Er öffnet jede Minute Augen

Matthias Corvinus
1443–1490, Herrscher. Der aus altem Adelsgeschlecht stammende Matthias Hunyadi (das latinisierte Corvinus bezieht sich auf den Raben als Wappentier) wurde 1458 mit vierzehn Jahren König von Ungarn. Obwohl er mit einer Tochter des Böhmenkönigs Georg von Podiebrad verheiratet war, rückte er 1469 in das nach den Hussitenkriegen noch immer geschwächte Nachbarland ein und ließ sich zum Gegenkönig krönen. Damit wurde er auch zum Herrscher der Oberlausitz. Mit seinem plötzlichen Tod 1490 fiel die Krone an seinen Erzrivalen Friedrich III. Auch am Zugangstor der Bautzener Ortenburg gibt es ein Relief für Matthias Corvinus

Treppe zum Rathaus mit Justitia-Stratue

und Mund. Oben befindet sich die Mondphasenuhr. Die drei Ringe des Ziffernblattes zeigen 24 Stunden, die Mondphasen sowie den Tag des Monats an. Im Spitzbogenfenster über den Uhren liegt ein vergoldeter Löwe, der durch »Gebrüll« den Wechsel der Mondphasen verkündete. Die zwei hölzernen Orgelpfeifen, die dieses Geräusch erzeugen, können heute bei der Turmbesteigung in Betrieb gesetzt werden.

Unmittelbar an das kleinteilig zusammengesetzte Alte Rathaus schließt sich am nördlichen Untermarkt das Neue Rathaus an, fertiggestellt 1903. Die Neorenaissance-Fassade hat Jürgen Kröger vom Berliner Büro Abesser & Kröger entworfen, dessen Spezialität eigentlich der neogotische Kirchenbau war.

Neues Rathaus am Untermarkt

Vom Untermarkt zur Peterskirche

[9] Untermarkt

Vor dem Rathaus erstreckt sich der Untermarkt. Dies ist der eigentliche historische Kern von Görlitz, der Obermarkt ist erst nach einer Stadterweiterung entstanden.

In Fortsetzung der Brüderstraße finden sich am südlichen Platzrand mit den Nummern Untermarkt 3 bis 5 die größten Hallenhäuser. Dieser Bautyp ist eine Besonderheit von Görlitz, der sich um 1500 entwickelte. Die durch den Fernhandel reich gewordenen Kaufleute verbanden beim Hallenhaus neue ästhetische Ansprüche mit den Anforderungen des Geschäfts. Namensgebend ist die große Eingangshalle, die über mehrere Geschosse reicht und die gesamte Hausbreite einnimmt. Hier wurden Waren umgeschlagen. Zu den Obergeschossen führen offene Treppen, zum Hof eine Durchfahrt. Etwa 35 Hallenhäuser haben sich erhalten. Untermarkt 4, als »Goldener Baum« bezeichnet, hat ein interessantes spätgotisches Netzrippengewölbe als Abschluss der Zentralhalle. Der Name des Hotels und Gasthauses »Frenzelhof«, Nr. 5, weist darauf hin, dass es Hans Frenzel, dem Auftraggeber der Annenkirche, gehörte. Der »Wurzelkeller« im Frenzelhof (täglich ab 11 Uhr) vereint historisches Ambiente mit mediterraner Küche.

Markt 23

Gegenüber steht der Neptunbrunnen. Er wurde 1756 an der Stelle einer älteren Bütte vom Löwenberger Bildhauer Johann Georg Mattausch nach einer Zeichnung von J.F.W. Charpentier geschaffen. Die Görlitzer, die wenig Bezug zur Seefahrt hatten, bezeichneten ihn als »Gabeljürgen«.

Der Untermarkt wird durch das mittige Häuserkarree, genannt die Zeile, zweigeteilt. Die Häuser dienten seit dem Mittelalter dem Handel, u.a. mit Gewürzen und Seide. An der südöstlichen Ecke der Zeile befindet sich die Waage, wo eingehende Waren bewertet und verzollt wurden. Das einfach gehaltene Renaissancegebäude aus der Zeit um 1600 basiert auf einem gotischen Vorgänger. Der Fassade sind im Erdgeschoss ionische Säulen vorgestellt, welche Büsten tragen. Neben Fantasiegestalten sind dies der Architekt Jonas Roßkopf, der Maurermeister Elias Ebermann und der Waagemeister Andreas Alert. Im Inneren haben sich ein spätgotisches Gewölbe und bemalte Holzdecken erhalten. Die gesamte Nordseite der Zeile wird von der sogenannten Börse eingenommen, die heute ein Hotel ist. 1706 wurden die Verkaufsstände an dieser Stelle abgebrochen und durch das barocke Gebäude ersetzt. Das 1714 errichtete Portal schuf C.G. von Rodewitz.

Die »Zeile« mit dem Neptunbrunnen und der Waage

Börse

Gegenüber der Börse hat die Nummer 22 eine Besonderheit zu bieten. Das spätgotische Portal ist als Flüsterbogen bekannt. Spricht man leise in das eine Ende der Kehlung, hört man die Worte gut am anderen Ende. In diesem Haus wohnten hochrangige Persönlichkeiten der Stadt. Beim Nebengebäude Nr. 23 fällt vor allem der hohe Volutengiebel von 1536 auf, auch das Renaissanceportal ist von Interesse.

Das Eckhaus zur Neißstraße gegenüber dem Museum heißt »Brauner Hirsch«, ein Tierkopf weist auf diesen Namen hin. Seine barocke Gestalt erhielt es 1722, Schlusssteine des Laubengewölbes tragen aber die Jahreszahlen 1486 und 1539.

Brauner Hirsch

Flüsterbogen

[10] Ratsapotheke

Zu den auffälligsten Bauwerken am Untermarkt gehört die Ratsapotheke an der Ecke zur Peterstraße. Unter Nutzung eines gotischen Vorgängerbaus wurde das Haus um 1550 im Auftrag Sebastiano Hoffmanns errichtet. Am Giebel, der zur Peterstraße gerichtet ist, kann man die Jahreszahl 1552 lesen. An der Ecke hat der Baumeister einen beide Obergeschosse vereinenden, verzierten Renaissanceerker eingefügt. Die Inschrift über dem Portal der schlichter gehaltenen Platzfassade weisen auf den Arzt und Gesundheitserzieher Benjamin August Struve hin, der hier zeitweilig Apotheker war. Die seitlichen Korbbögen stammen vom Umbau 1771, den Struve veranlasst hat. Das Portal, das er ebenfalls hatte vermauern lassen, wurde erst 1999 rekonstuiert. In die Flächen zwischen den Obergeschossen wurden zwei Sonnenuhren eingefügt, geschaffen von Bartholomaeus Scultetus. Die linke Uhr, »Solarium« genannt, zeigt bürgerliche, antike, nordische und babylonische Stunden an. An der benachbarten »Arachne« kann man Planetenstunden und den jahreszeitlichen Höhenstand der Sonne ablesen.

Im heutigen »Ratscafe« (Mo–Sa 9–20 Uhr, So 10 bis 20 Uhr) kann man zwei historische Portale besichtigen. In der ersten Etage haben sich Räume im originalen Interieur von 1550 einschließlich der bemalten Holzbalkendecke erhalten.

[11] Städtisches Museum (»Barockhaus«)

Täglich 10–18 Uhr

Oberlausitzische Gesellschaft der Wissenschaften
Mit dem Gründungsdatum 21. April 1779 gehört sie zu den ältesten noch bestehenden Gelehrtengesellschaften Europas. Sie hat sich die Förderung der Naturwissenschaften und der Geschichtsschreibung zum Ziel gesetzt. 1945 wurde sie liquidiert, die Sammlungen gingen in den Besitz der Stadt über. 1990 erfolgte in Bautzen die Neugründung dieser traditionsreichen Organisation.

Obwohl es in der Görlitzer Altstadt viele Barockfassaden gibt, wird das an den Untermarkt angrenzende Eckhaus Neißstraße 30 als Barockhaus bezeichnet. Das mag am Bautyp liegen. Nach Leipziger Vorbild wurde es als einziges in Görlitz als »Durchhaus« mit Durchfahrten für Fuhrwerke für Warenlieferungen mit zwei Höfen konzipiert. Erbaut wurde es 1727–1729 für den aus Zittau stammenden Leinwand- und Damastkaufmann Christian Ameis anstelle eines beim Stadtbrand 1726 vernichteten Renaissancebaus. Architekt war der Ratsbaumeister Samuel Suckert.

1807 schenkte Karl Gottlob von Anton, der das Anwesen zwei Jahre zuvor erworben hatte, den Gebäudekomplex der von ihm 1779 mitbegründeten Oberlausitzischen Gesellschaft der Wissenschaften. Die 1807 angebrachte Inschrift der Kartusche über dem Portal bezieht sich auf diese Schenkung. Beeindruckend ist die Bibliothek dieser Gesellschaft mit ihren Saalfluchten voller Bücherregale. Seit 1951 befindet sich im Gebäude das Städtische Museum, das 2011 nach umfassender Sanierung neu eröffnet wurde.

[12] Neißstraße

Vom Untermarkt führt die Neißstraße recht steil hinab zum Flussufer. Der Straßenzug ist reich an architektonischen Denkmalen.

Besonders bedeutsam ist das »Biblische Haus« (Nr. 29). Es wurde 1570/72 für den Waidhändler Hans Heinze basierend auf älterer Substanz umgebaut. Im Inneren finden sich noch gotische Relikte. Die Fassade ist das bedeutendste Baudenkmal der Renaissance in Görlitz. Die Reliefs mit biblischen Szenen, die dem Haus den Namen gaben, stammen von Hans Kramer d.J. Dargestellt sind oben die neutestamentarischen Szenen Verkündigung, Jesu Geburt, Taufe im Jordan, Abendmahl, Kreuzigung, eine Etage darunter die aus dem Alten Testament stammenden Szenen Erschaffung Evas, Sündenfall, Abrahams Opfer, Moses empfängt die Gebote, Errichtung der ehernen Schlange. Hinzu kommt reichhaltiger ornamentaler Schmuck. Der Schlussstein des Portals stellt einen bärtigen Krieger dar.

In der Neißstraße 22, dessen Barockfassade recht schlicht wirkt, befindet sich neben der Gaststätte »Zur Schwarzen Kunst« eine Ausstellung zur historischen Buchdruckerei und Buchbinderei. Beim Haus

Nr. 24 ist außer der Haushalle aus der Renaissance die barocke Fresco-Dekoration der Fassade und das Portal mit einer Darstellung des Paris-Urteils interessant, welche von Johann Matthes Oberschall 1727 geschaffen wurde. Nr. 19 hat zwar eine barocke Fassade von 1727, die Kellergewölbe der früheren Brauhofes stammen aber aus dem Mittelalter. Auch die benachbarte Nr. 20 hatte Braurecht. Die Fassadenmalerei mit Akanthuslaubwerk von 1680 wurde erst 1953 wieder entdeckt. Die Kelleranlagen mit gotischen Elementen wurden vom Eigentümer der Gaststätte »acanthus« für Gäste zugänglich gemacht. Beim Haus Nr. 18 fällt die geringe Fassadenbreite von 2,5 Metern auf, in die Tiefe erstreckt sich das Grundstück über 15 Meter. Errichtet wurde es wohl überwiegend im frühen 16. Jahrhundert.

Die Neißstraße hat sich in jüngster Zeit zu einer Kneipenmeile entwickelt. »Jacobis Färbe« (Nr. 23, Mi–Mo ab 12 Uhr), »acanthus« (Nr. 20, täglich ab 11.30 Uhr), »via regia« (Nr. 19, täglich ab 17.30 Uhr), »Zur schwarzen Kunst« (Nr. 22, tägl. ab 18 Uhr, Sa/So auch 12–14 Uhr), »Zur Tonne« (Nr. 27, Do–Fr ab 19 Uhr) und »Zum Pauker« (Nr. 21, Mo–Sa ab 17 Uhr) bieten vielseitige gastronomische und kulturelle Erlebnisse.

[13] Ochsenbastei

Kommt man am unteren Ende der Neißstraße an, lohnt sich ein kleiner Abstecher nach rechts zur Ochsenbastei. Bis 1834 war das »Tor an der Kahle« Teil der Stadtbefestigung. Ein Rundbau am Neißeufer blieb vom Abbruch verschont. Der Name Ochsenbastei kommt vom Weg zu den Viehweiden vor der Stadt, der hier entlang führte.

Zwischen den Mauerresten liegt der Ochsenzwinger. Auf ihm wurde 1963 eine Gartenanlage im barocken Stil angelegt, die man durch einen alten Torbogen erreicht. Als die Anlage 1999 erneuert wurde, ließ man auch die sechs Brunnenbecken aus Sandstein restaurieren. Von diesem kleinen Park aus hat man einen schönen Blick auf den Burgberg und auf die polnische Flussseite.

[14] Altstadtbrücke

Ab 1298 ist an dieser Stelle eine Brücke über die Neiße nachweisbar, die allerdings wegen der hölzernen Bauweise häufig repariert werden musste. 1566 bekam sie eine Überdachung, auch ein Turm wurde in dieser Zeit auf dem Ostufer errichtet. Erst 1906/07 entstand eine steinerne Brücke mit Stahlbogenaufsatz. Sie wurde am letzten Tag des Zweiten Weltkriegs, am 7. Mai 1945, von Wehrmachtsoldaten gesprengt. Für

Jakob Böhme
1575–1624, Philosoph. Ab 1599 arbeitete Böhme als Schuhmacher in Görlitz. Obwohl er keine akademische Bildung hatte, schrieb er 1612 das mystische Werk »Morgenröte«. Vom Pfarrer der Peterskirche wurde Böhme daraufhin der Ketzerei beschuldigt und bekam Publikationsverbot. Unter dem Einfluss der Reformation, vor allem der Lehre Kaspar Schwenckfeldts, veröffentlichte er dennoch ab 1619 mehrere Bücher. Hegel bezeichnete später den Theosophen Böhme als »ersten deutschen Philosophen«. Sein Grab befindet sich auf dem Nikolaifriedhof.

ein halbes Jahrhundert blieb der Fluss an dieser Stelle ohne Übergang, obwohl sich die DDR und die Volksrepublik Polen, zu der das rechte Ufer gehörte, als Verbündete betrachteten. Erst 2003 begann der Neubau, der offiziell am 20. Oktober 2004 eröffnet wurde. Am polnischen Ufer entsteht unmittelbar hinter der Brücke eine große Herberge für Pilger auf dem Jakobsweg nach Spanien.

Direkt im Fluss befindet sich mit der Vierradenmühle das östlichste Gasthaus Deutschlands (tägl. ab 10 Uhr). Bei schönem Wetter ist es besonders reizvoll, auf der von Wasser umgebenen Terrasse zu sitzen.

[15] Jakob-Böhme-Haus

Di–Do 12–14 Uhr, Fr–So 12–17 Uhr

In dem kleinen dreigeschossigen Haus am rechten Neißeufer wohnte Jakob Böhme und betrieb seine Schuhmacherwerkstatt. Eine Gedenktafel an der roten Fassade erinnert daran. Der polnische Verein »Europera« betreibt in dem Haus eine Ausstellung, die an den Philosophen erinnert. Ergänzt wird sie durch Sonderausstellungen zur Regionalgeschichte.

Wenige Schritte weiter befindet sich in einem ebenfalls sorgfältig restauriertem Haus mit gelber Fassade das Lausitz-Museum (Mo–Fr 9–17 Uhr).

[16] Waidhaus

Kehrt man über die Altstadtbrücke wieder an das deutsche Ufer zurück, sieht man schon die Renaissancefassade des Waidhauses vor sich. Noch vor der Stadtgründung befand sich im Burgareal ein Freihof böhmischer Dienstmannen. Ab 1425 war das Bauwerk städtisches Eigentum. Zu dieser Zeit soll es noch einen Turm, genannt Eberhardsturm, gehabt haben. Nach einem Brand von 1479 wurde das zu dieser Zeit als Schule dienende Gebäude wieder aufgebaut. Den Namen Waidhaus erhielt es, da ab 1529 hier die aus Thüringen gelieferte Färbepflanze Waid gelagert wurde. Görlitz hatte auf den Handel mit diesem blauen Farbstoff ein Privileg, das entscheidend zum Reichtum der Stadt beitrug. Die erste Görlitzer Buchdruckerei richtete Ambrosius Fritsch hier ein. Die zweite Bezeichnung »Renthaus« bezieht sich auf die bis 1732 in Form von Getreide entrichtete Steuer tributpflichtiger Dörfer, die ebenfalls in dem voluminösen Bau eingelagert wurde. Es folgten diverse Nutzungen, ab 1918 jahrzehntelanger Verfall. Nach 1992 wurde das Waidhaus saniert. Heute unterhält das Fortbildungszentrum für Handwerk und Denkmalspflege im Waidhaus eine Schule für Handwerksberufe.

Waid
Das Färberwaid wird auch als Deutscher Indigo bezeichnet. Im späten Mittelalter war es die wichtigste Färbepflanze. In einem komplizierten Verfahren der Fermentation wird aus den Blättern ein blaugrüner Farbstoff gewonnen. Seine Hauptanbaugebiete befanden sich in Thüringen. Heute wird Färberwaid von Restauratoren verwendet, gewinnt aber auch als Öko-Farbe wieder an Bedeutung.

20 Nikolaiturm
18 Vogtshof
17 St. Peter und Paul
16 Waidhaus
14 Altstadtbrücke

8 Rathaus
12 Neißstraße
24 Obermarkt
25 Reichenbacher Turm
6 Dreifaltigkeitskirche
15 Jakob-Böhme-Haus
26 Kaisertrutz
6 Gymnasium Augusteum
27 Theater
28 Annenkapelle
5 Elisabethstraße
29 Frauenturm
29 Marienplatz

[17] St. Peter und Paul

Täglich 10–18 Uhr, Gottesdienste sonntags 10.30 Uhr

Die allgemein als Peterskirche bekannte Pfarrkirche mit dem seit 1372 nachweisbaren doppelten Patrozinium ist ein Wahrzeichen der Stadt und zugleich ihr größtes Bauwerk. Der im frühen 13. Jahrhundert errichtete Vorgängerbau war eine dreischiffige spätromanische Pfeilerbasilika. Von ihr haben sich das Westportal mit dem reich ausgeschmückten vierfachen Gewände sowie einige Turmfenster erhalten. Der Grundstein für den Neubau wurde am 14. Mai 1423 gelegt. Es handelt sich um eine fünfschiffige Hallenkirche erzgebirgischen Typs, zu dessen bekanntesten Beispielen die Annaberger Annenkirche und St. Marien in Pirna gehören. Bei Hallenkirchen haben alle Schiffe die gleiche Scheitelhöhe. Wegen des starken Gefälles wurde im Osten eine Unterkirche eingezogen, die bereits 1457 fertiggestellt war, acht Jahre später konnte auch der sich darüber erhebende Hallenchor vollendet werden.

Als Architekt des spätgotischen Netzgewölbes gilt Conrad Pflüger, der auch an der Leipziger Peterskirche tätig war. Das Gewölbe wird noch von Bündelpfeilern getragen, während es bei wenig später errichteten Kirchen zumeist auf ungekehlten Pfeilern ruht. 1497 konnte die Kirche geweiht werden. Das hohe Dach wurde 1515 vollendet. Nord- und Südportal (heute der Haupteingang) wurden 1543 bzw. 1553 ergänzt. Die enormen Schäden eines Brandes von 1691 wurden in nur fünf Jahren mit deutlichen Veränderungen beseitigt. Zu den neuen Objekten des Interieurs gehört der Hochaltar von George Herrmann mit der Auferstehung Christi als Hauptmotiv, 1695 fertiggestellt. Die neue Kanzel aus teilvergoldetem Sandstein mit den Darstellungen der vier Evangelisten stiftete der Kaufmann August Kober 1693.

Bemerkenswert ist die so genannte Sonnenorgel, ein Werk Eugenio Casparinis. Der eigentlich Eugen Caspar heißende Lausitzer aus Sorau hatte in Italien sein Handwerk erlernt. Das gewaltige barocke Instrument hat 6085 Pfeifen und 89 Register. Den Namen erhielt es wegen der 18 Sonnen des vom Görlitzer Bildhauer Johann Conrad Buchau geschaffenen Prospektes. 1995 begann die Rekonstruktion des Instruments, die 2004 abgeschlossen werden konnte.

Mit den 1891 aufgesetzten neogotischen Turmspitzen erhielt die Peterskirche ihr heutiges Aussehen.

Conrad Pflüger
Um 1450 – um 1506, Architekt. Der aus Schwaben kommende Pflüger ist seit 1477 als Parlier von Arnold von Westfalen am Bau der Meißener Albrechtsburg nachweisbar. Nach dem Tod des Meisters übernahm Pflüger die Bauleitung der Burg bis 1483. Anschließend war er bei den Neubauten von Schloss Hartenfels in Torgau, der Moritzburg Halle und des Wittenberger Schlosses beteiligt. Sein Ruf als Spezialist für spätgotische Gewölbe beruht auf den Planungen für die Peterskirchen in Leipzig und Görlitz. Von 1490 bis 1497 lebte Pflüger in Görlitz und war Stadtbaumeister.

Vom Vogtshof zur Straßburg-Passage

[18] Vogtshof

Am romanischen Portal im Westwerk der Peterskirche vorbeigehend, gelangt man in den heutigen Vogtshof. Auf dem steilen Bergsporn über der Neiße sind die Anfänge der Stadt Görlitz zu suchen. Im Mittelalter befand sich hier zur Sicherung des Flussüberganges der von Santiago de Compostella bis Kiew führenden »Königsstraße« (»via regia«) eine Burg, die in Urkunden »Yzhorelik« genannt wird. Ab dem 13. Jahrhundert hatten im »foteshof« der Amtshauptmann und die landesherrlichen Beamten ihren Sitz, er war also das Verwaltungszentrum der Stadt. 1830 wurde der Vogtshof zur preußischen Garnisonskaserne und zum Gefängnis. Nach verschiedenen Nutzungen zogen 1975 Teile des Ratsarchives und ein Studentenwohnheim ein. Heute gehört der Komplex zur Hochschule Zittau/Görlitz (FH).

Scultetus-Haus

[19] Peterstraße

Um vom Vogtshof zur Peterstraße zu kommen, empfielt sich der Umweg über die Krebsgasse, in der pittoreske Häuser mit mittelaterlichen Ursprüngen zu sehen sind.

Die zwischen Untermarkt und mittelalterlichem Burgberg verlaufende Peterstraße ist außerordentlich reich an architektonischen Denkmälern. Bei der Nr. 3 weist die Inschrift der Kartusche über dem Portal auf Caspar Besser als einstigen Besitzer hin. Zu den in historischer Hinsicht bedeutendsten Bauten zählt das Haus Peterstraße 4. Die barocke Fassade mit dem Sprenggiebel über dem Portal stammt von 1720, das Haus ist aber wesentlich älter – hier wohnte von 1570 bis 1614 Bartolomaeus Scultetus.

Am Haus Nr. 6 fällt vor allem die rekonstruierte barocke Fassadenmalerei auf. Optisch am beeindruckendsten ist der Nachbar Nr. 7, das Eckhaus zur Nikolaistraße. Bei dem vermutlich von Wendel Roßkopf unter Einbeziehung älterer Bestände 1544 errichteten Bauwerk wurde die für die Renaissance typische monochrome Quaderung des Verputzes bei der Sanierung wiederhergestellt; der historisierende Giebel stammt allerdings von 1895. An der gegenüberliegenden Straßenecke befindet sich mit Nr. 8 das 1528 für den Bürgermeister Schneider errichtete heutige Hotel Tuchmacher, wahrscheinlich ebenfalls ein Werk Roßkopfs. Das Gewölbe der Halle hat noch gotisch anmutende Schlingrippen. Bei der Peterstraße 10 ist vor allem das Portal von 1578 mit den Halbfiguren von Judith und Lucretia sowie zwei Gaffköpfen interessant.

Bartolomaeus Scultetus
1540–1614, Gelehrter. Barthel Schulz, der seinen Namen wie andere Humanisten der Renaissance latinisierte, studierte in Leipzig und Wittenberg, u. a. bei Melanchthon. 1570 kam er nach Görlitz zurück und wurde Dozent am neuen Gymnasium. Er beschäftigte sich vor allem mit Astronomie und Kartografie. Von ihm stammen die erste zuverlässige Landkarte der Oberlausitz wie auch die Sonnenuhren an der Ratsapotheke. Er wirkte als Berater bei der Einführung des Gregorianischen Kalenders mit und ließ die Rathausuhr von 24 auf 12 Stunden umstellen. Von 1592 bis zu seinem Tode war Scultetus mehrfach Bürgermeister von Görlitz.

Hotel Tuchmacher

Bei den Häusern mit den Nummern 14 und 16 schließlich sind vor allem die Interieurs mit ausgedehnten Hallen und Treppenhäusern bemerkenswert.

[20] Nikolaiturm

Öffnungszeiten differieren monatlich

Im Norden der Altstadt hat sich nach dem weitgehenden Abbruch der Befestigungsanlagen 1848 der Nikolaiturm als Relikt erhalten. Er fand seine erste Erwähnung 1348, ist aber wesentlich älter. Hier erreichte die Fernhandelsstraße »via regia« von Westen her die Stadt. Den oberen Abschluss des Turmes mit Kuppel und Laterne erhielt der Turm nach dem Stadtbrand von 1717 anstelle der vorherigen Spitze. Der ebenerdige Zugang wurde 1752 geschaffen, zuvor kam man nur über die Mauer und eine Außentreppe hinein. Seit 1969 unterhält der Verein Görlitzer Heimatforscher Ausstellungsräume im Turm.

In unmittelbarer Nähe, im Haus Nikolaistraße 6, befindet sich im Keller ein aus dem 14. Jahrhundert stammendes Wasserbecken mit fließender Frischwasserzufuhr, das als Judenbad bezeichnet wird. Ob es sich aber tatsächlich um eine rituellen Anlässen dienende Mikveh handelte, ist nicht sicher. In Görlitz wurden nach der Pestepidemie 1348 alle Juden aus der Stadt vertrieben.

P

[21] Finstertor und Scharfrichterhaus

Finstertor und Scharfrichterhaus

Um zum Finstertor zu gelangen, geht man zunächst den Nikolaigraben hinab und biegt dann in die Kleine Wallstraße ab. Als einziges Tor der früheren Stadtbefestigung hat sich das Finstertor erhalten. Urkundlich wird es erstmals 1455 erwähnt. Das überbaute Tor konnte mit einem Fallgitter verschlossen werden. Unmittelbar angrenzend befindet sich das Scharfrichterhaus. Der Henker musste wegen seines unehrenhaften Gewerbes traditionell außerhalb der Mauern der Stadt wohnen. Das Fachwerkhaus hat Andreaskreuze im Obergeschoss und ein hohes Krüppelwalmdach. Es wird heute von der Deutschen Stiftung Denkmalschutz als Jugendbauhütte genutzt. Hier können Jugendliche ein Freiwilliges Jahr in der Denkmalpflege absolvieren.

[22] Nikolaikirche und Friedhof

Letzter Einlass 16.45 Uhr

Vom Finstertor aus ist die Nikolaikirche bereits gut zu sehen. Bis 1372 war die sie die Hauptkirche der Stadt. Der romanische Vorgänger wurde ab 1452 durch einen spätgotischen Neubau ersetzt, an dem die Arbeiten aber wegen des Vorrangs der Peterskirche unterbrochen wurden. Erst 1515 konnte unter der Leitung von Wendel Roßkopf weiter gebaut werden.

Nikolaikirche

Die Weihe erfolgte 1520. Infolge von Bränden gab es mehrere Umbauten. 1925 gestaltete der Architekt Martin Elsässer den Innenraum im expressionistischen Stil zu einer Gedächtnisstätte für die Gefallenen des Ersten Weltkrieges um. Heute finden Ausstellungen in der früheren Kirche statt.

Der am Hang gelegene Friedhof, früher wichtigste Begräbnisstätte der Stadt, hat heute einen malerischen Charakter. Die ältesten erhaltenen Grabmäler stammen aus dem 16. Jahrhundert, darunter freistehende Grufthäuser. Zu den Attraktionen gehört das Grab des Philosophen Jakob Böhme.

[23] Heiliges Grab

Mo–Sa 10–18 Uhr, So 11–18 Uhr, Führungen Mo–Sa 11 Uhr, 15 Uhr, So 11.30 Uhr, 15 Uhr

Über Steinweg und Obersteinweg kommt man, Richtung Westen gehend, zur Heilige-Grab-Straße, an welcher sich der Einlass zu einer der eigenwilligsten Sehenswürdigkeiten von Görlitz befindet. Das Heilige Grab entstand auf Veranlassung des wohlhabenden Görlitzer Kaufmanns und Bürgermeisters Georg Emmerich. Er kehrte 1466 von einer Pilgerreise nach Jerusalem zurück, wo er auch die Grabeskirche besucht hatte. Das

außerhalb der damaligen Stadtmauern gelegene Grundstück hatte 1473 Caspar Flechsel für den Neubau einer Kreuzkapelle gestiftet. Als Bauherren gelten die Parliere Thomas Neukirch und Caspar Aye. Neben Emmerich stifteten mehrere reiche Görlitzer Geld für das Vorhaben, außerdem wurden Ablasse dafür erteilt. 1481 begann der Bau, 1504 wurde die Anlage fertiggestellt. Sie gilt unter den 17 nachweisbaren Kalvarienstätten in Deutschland als genaueste Nachbildung des 1555 zerstörten Jerusalemer Vorbildes.

Drei Bauwerke bilden das Ensemble des Heiligen Grabes. Die dominierende Kreuzkapelle ist zweigeschossig angelegt. Im Erdgeschoss befindet sich die Adamskapelle, die von einem flach gehaltenen Netzrippengewölbe überspannt wird. Die Spalte im Mauerwerk hinter dem quaderförmigen steinernen Altar ist künstlich angelegt. Sie symbolisiert das Erdbeben, das es beim Tode Christi gegeben haben soll. Der Epitaph für Georg Emmerich von 1578 wurde erst 1916 hierher versetzt. Der obere Raum, die Golgathakapelle, ist über eine Außentreppe erreichbar. Auch sie ist mit Netzrippen überwölbt, aber höher als im Untergeschoss. Auf einem Podest sind Pfostenlöcher für die drei Kreuze des Kalvarienberges eingelassen, an der Ostwand steht das Kruzifix Jesu, in der linken Ecke ein tischförmiger Altar.

Unmittelbar hinter der Kreuzkapelle befindet sich das Salbhaus, ein steinerner Schrein mit kunstvoll

Adamskapelle

Georg Emmerich
1422–1507, Kaufmann, Ratsherr und Bürgermeister. Emmerich studierte in Leipzig Jura. Mit 43 Jahren verliebte er sich in Benigna Horschel, Tochter eines reichen Görlitzer Kaufmanns. Wegen ihrer unehelichen Schwangerschaft kam es zu heftigen Auseinandersetzungen zwischen den Familien, die eine lokalpolitische Dimension erreichten. Emmerich setzte sich nach Jerusalem ab, wo er zum Ritter des Hl. Grabes geschlagen wurde und damit Absolution erreichte. Nach 1470 wurde er Ratsherr, Schöffe und schließlich sieben Mal zum Bürgermeister gewählt. Er gehörte zu den reichsten Görlitzern.

Kreuzkapelle

geschmiedeten Gittertüren aus dem 18. Jahrhundert. Die darin befindliche Pietà wird dem Bildhauer Hans Olmützer zugeschrieben, der von 1488 bis 1503 in Görlitz wirkte.

In der nordöstlichen Ecke der Anlage steht die Grabkapelle mit orientalisierenden Anklängen. Auf ihrem Dach steht ein von sechs Säulen getragener Baldachin mit maurisch inspirierter Ornamentik.

Auch das nördlich angrenzende Gelände wurde in die Konzeption einbezogen. Das Flüsschen Lunitz wird als der Bach Kidron gedeutet, dahinter erhebt sich der Ölberg. Seine heutige Gestalt erhielt die Gartenanlage 1923 bis 1928 durch Gartendirektor Heinrich Diekmann. Der so genannte Ölbaum ist ein etwa 150 Jahre alter Ahorn. Bis zur Einführung der Reformation in Görlitz 1525 war das Heilige Grab Ziel von Osterprozessionen, die an der Peterskirche ihren Ausgang nahmen. Ein Kreuzwegstab im Zugangsbereich erinnert noch an diesen Brauch.

Grabkapelle

[24] Obermarkt

Vom Heiligen Grab geht man zunächst den Grünen Graben bergauf und biegt an der früheren Jägerkaserne in die Hugo-Keller-Straße ab. Von dort kommt man über die Breite Straße zur Langen Straße. Nach wenigen Metern findet man rechterhand den Eingang zur fußläufigen Verrätergasse. Diesen Namen trägt der schmale, durch Torbögen begrenzte Straßenzug seit 1527. Die Görlitzer Tuchmacher planten wegen ihrer Not einen Aufstand gegen den Rat der Stadt. Die Verschwörung wurde jedoch verraten und blutig niedergeschlagen. An einem Tor in der Gasse ist noch heute ein Stein mit der Inschrift DVRT (Der verräterischen Rotte Tor) und der Jahreszahl zu sehen. Von der Verrätergasse aus erreicht man den Obermarkt.

Bereits in der Mitte des 13. Jahrhunderts reichte das Stadtgebiet nicht mehr aus, es wurde Richtung Westen erweitert. Der ursprüngliche »Neumarkt« wurde nach dem Stadtbrand 1717 als Obermarkt bezeichnet. Zu den markantesten Gebäuden des Platzes gehörte das um 1407 gebaute Salzhaus, das ebenso wie die benachbarte Hauptwache Mitte des 19. Jahrhunderts abgerissen wurde. Das 1893 in der Mitte des Platzes errichtete Reiterstandbild Kaiser Wilhelms hingegen wurde 1939 auf den Wilhelmsplatz versetzt. Von 1951 bis 1990 hieß der Obermarkt Leninplatz.

Napoleonhaus

Dominierend für das Raumgefüge des Obermarktes sind die Dreifaltigkeitskirche am östlichen Ende und der Reichenbacher Tum an der gegenüberliegenden Schmalseite. Das bekannteste Haus ist die Nummer 29, genannt Napoleonhaus. Der Barockbau wurde 1718 für den Textilhändler Wilhelm Schaumburg errichtet. Der Mitteltrakt ist durch die ungleichmäßige Anordnung der Fensterachsen und das Portal mit dem darüber angeordneten geschwungenen Balkon hervorgehoben. Am 20. August 1813 soll Napoleon Bonaparte von diesem Balkon aus Heerschau gehalten haben.

[25] Reichenbacher Turm

Mo–So 10–17 Uhr

Gemeinsam mit dem Kaisertrutz bildete der Reichenbacher Turm die westliche Verteidigungsbastion der Stadt, ist aber deutlich älter als diese benachbarte Bastei. Er wurde um 1300 errichtet und 1376 erstmals erwähnt. Den oktogonalen Wehrgang und den runden oberen Teil erhielt der Turm 1485. Die dabei außerdem aufgesetzte hölzerne Spitze musste 1782 der kupfergedeckten barocken Haube weichen.

Nach dem Abbruch des Tores und der Mauern erhielt der Reichenbacher Turm 1868 den Fußgängerdurchgang. Zur statischen Stabilisierung mussten 1936 Zuganker in die Mauern eingezogen werden. Sie werden durch Wappenschilde verdeckt, die der Maler Arno Hentschel anfertigte. In der oberen Reihe sind die Wappen der Länder zu sehen, zu denen Görlitz in seiner Geschichte gehörte: Heiliges Römisches Reich Deutscher Nation, Kurfürstentum Sachsen, Markgrafentum Brandenburg, Königreich Preußen, Herzogtum Schlesien, Königreich Sachsen. Die untere Reihe stellt die Wappen des Sechsstädtebundes dar.

Sechsstädtebund
Zum Schutz vor Raubrittern verbündeten sich 1346 die sechs oberlausitzer und niederschlesischen Städte Görlitz, Bautzen, Zittau, Lauban, Löbau und Kamenz. Kaiser Karl IV. verlieh dem Bund 1355 weitreichende Rechte, die ihn zum Hüter des Landfriedens in der Region machten. Konkurrenzkämpfe zwischen den Städten schwächten die Allianz mehrfach, die größte Krise kam 1547, als der böhmische König Ferdinand mit dem »Pönfall« wegen mangelnder Unterstützung im Schmalkaldischen Krieg alle Privilegien einzog.

[26] Kaisertrutz

Täglich 10–18 Uhr

Der heute zu den Wahrzeichen der Stadt gehörende Kaisertrutz hinter dem Reichenbacher Turm wurde ab 1490 durch Erweiterung einer schon existierenden Bastei erbaut. Das zugehörige Tor wurde im Laufe der Zeit sowohl als Reichenbacher als auch als Budissiner Tor bezeichnet. Der Name Kaisertrutz kam nach

TURM GEÖFFNET
CITY CENTER
Altstadt
Bewohner
frei
LOTTO

1641 auf, als das im 30-jährigen Krieg von schwedischen Truppen besetzte Görlitz von den kaiserlichen und sächsischen Armeen nicht eingenommen werden konnte, ihnen also trotzte. Ab 1521 war das Rondell mit dem Reichenbacher Turm durch zwei Schildmauern verbunden. 1848 wurde der umgebende Graben zugeschüttet und der Vorbau mit den Arkaden und zwei Ecktürmen angefügt. Ab 1850 diente der Kaisertrutz als Hauptwache. 1931 wurde das Bauwerk zu einer Abteilung des Kulturhistorischen Museums umfunktioniert.

[27] Theater

Gegenüber dem Kaisertrutz liegt das Theater der Stadt (Demianiplatz 2). Das Görlitzer Theater wurde am 2. Oktober 1851 mit einer Aufführung von Schillers »Don Carlos« eingeweiht. Foyer und Balkon wurden nach 1900 angebaut. Auch in den folgenden Jahrzehnten gab es mehrere Umbauten, wobei vor allem in den 1960er Jahren das Interieur stark vereinfacht wurde. Nach der 2002 abgeschlossenen Sanierung ist der Zuschauerraum mit den zwei Rängen wieder in der historistischen Ausstattung von 1873 zu sehen.

[28] Annenkapelle

Von der Rückseite des Theaters führt die Annengasse zur gleichnamigen Kirche. Die von 1508 bis 1512 erbaute spätgotische Kapelle war die Privatkirche des Görlitzer Bürgers Hans Frenzel, genannt »der Reiche«. Da seine Ehe lange kinderlos blieb, hatte er den Bau eines Gotteshauses gelobt, sobald Nachwuchs komme. Entworfen wurde die Annenkapelle vom Ratsbaumeister Albrecht Stieglitzer. An den Außenwänden und Strebepfeilern sind Sandsteinplastiken von Anna Selbdritt, Joachim, Maria mit Kind, Joseph, Christus und Laurentius angebracht. Nach der Reformation hatte die Kapelle verschiedene Nutzungen, u.a. zeitweilig ab 1845 als katholische Kirche. Seit 1903 dient sie der benachbarten Schule als Aula und Turnhalle.

Ganz in der Nähe sind zwei Brunnenplastiken aus Bronze zu finden – Engel und Teufel. Sie wurden 1992 von der Dresdner Bildhauerin Veronica von Appen gestaltet.

Hans Frenzel
1463–1526, Kaufmann. Frenzel gehörte zu den bedeutendsten Personen der Renaissancezeit in Görlitz. Er stammte aus einer Handwerkerfamilie, heiratete 1493 die wohlhabende Bürgertochter Anna Tilicke und verstand es, den Reichtum zu mehren. Als erster Görlitzer Kaufmann beherrschte er die polnische Sprache. Neben der Annenkapelle zeugt der Frenzelhof (Untermarkt 1) von seinem Wirken. Im heutigen Hotel hat sich die üppig ausgemalte Schatzkammer erhalten. Frenzels Sohn Joachim wurde 1544 von Kaiser Karl V. geadelt.

[29] Frauenturm und Marienplatz

Dass der Frauenturm auch als Dicker Turm bekannt ist, beruht auf der Mauerstärke von 5,34 Metern am Fuß. Die erste Erwähnung als Steinturm datiert auf 1305, erbaut wurde er aber bereits 1250 im Zuge der Stadterweiterung. Der ursprünglich offene obere Rundgang wurde im 16. Jahrhundert geschlossen, 1532 bekam der Turm eine Glocke. Das Amt des Turmwächters, der auch stündlich die Glocke zu schlagen hatte, wurde erst 1904 abgeschafft.

An der Südseite des Turms befindet sich das Stadtwappen, gehalten von den Hll. Maria und Barbara. Das Wappen wurde 1433 von Kaiser Sigismund verliehen. Die Inschrift »Invia virtuti nulla est via« (Der Tapferkeit ist kein Weg unmöglich) bezieht sich auf den Widerstand der Görlitzer gegen die Hussitenheere. Das von Briccius Gauske geschaffene Wappen befand sich ursprünglich am dem Turm vorgelagerten Frauentor, das 1847/48 abgebrochen wurde.

Der Marienplatz ist ein Bindeglied zwischen Altstadt und gründerzeitlicher Innenstadt. Er wurde 2001/02 nach Plänen des Dresdner Landschaftsarchitekten Till Rehwaldt neugestaltet. Ein Wasserband durchzieht als begehbare Brunnenanlage den Platz. Blumenbeete und beschnittene Linden laden zum Aufenthalt ein.

Michael Ballack
geb. 1976, Fußballer. Einer der populärsten Sportler der Gegenwart wurde zwar in Görlitz geboren, zog aber schon nach einem halben Jahr mit seinen Eltern nach Chemnitz, wo er die Schule besuchte und seine Laufbahn als Fußballer begann. Der 1. FC Kaiserslautern, Bayer Leverkusen, Bayern München, FC Chelsea und wieder Leverkusen waren die weiteren Stationen des zeitweiligen Kapitäns der deutschen Fußball-Nationalmannschaft.

[30] Ehemaliges Kaufhaus Hertie

An der Südseite des Marienplatzes sieht man die imposante Fassade des Kaufhauses. Der Bau fällt in die Zeit zwischen Jahrhundertwende und Erstem Weltkrieg, als in vielen deutschen Großstädten solche Tempel des Handels entstanden. Am 30. September 1913 wurde das »Kaufhaus zum Strauß« eingeweiht, so benannt nach einem alten Gasthof. Bei der Fassadengestaltung der Stahlbetonskelettkonstruktion hatte sich Architekt Carl Schmanns von Alfred Messels berühmten Berliner Kaufhaus Wertheim inspirieren lassen. 1929 kam das Haus zur Karstadt AG, dem damals größten deutschen Warenhaus-Konzern. Ab 1950 gehörte es zur staatlichen Handelsorganisation HO, nach 1990 übernahm es Hertie. Wegen der Insolvenz des Unternehmens wurde das Görlitzer Warenhaus 2009 geschlossen. Eine Wiedereröffnung ist noch nicht in Sicht. Das prächtige Jugendstil-Interieur mit dem Lichthof und

den Verkaufsemporen ist original erhalten. Durch ein im Erdgeschoss befindliches Geschäft ist ein Blick in die beeindruckende Halle möglich.

Eingang zur Straßburg-Passage

[31] Straßburg-Passage

Vom Kaufhaus rechts in Richtung Demianiplatz findet man den Eingang zur Theaterpassage. Über den Postplatz gelangt man zur Berliner Straße mit ihren vielen Geschäften. Etwa in der Mitte des Straßenzuges öffnet sich auf der linken Seite die Straßburg-Passage. Der Aufstieg des Textilwarengeschäfts Otto Straßburg ist typisch für die Gründerzeit. Mit der Gewerbeausstellung 1885 erfuhr Görlitz einen zusätzlichen wirtschaftlichen Impuls. Straßburg konnte sein Geschäft an der Berliner Straße schon bald nach der Gründung deutlich erweitern, wozu er auch das Nachbargrundstück ankaufte. Das neue Geschäftshaus war nach zeitgenössischen Berichten in »amerikanischer Bauweise«, also betont modern gehalten. 1901 erwarb Straßburg rückseitig angrenzende Areale und begann mit den Planungen der Passage, die 1907 fertiggestellt wurde. Die verglaste Überdachung konnte allerdings erst 1927 nach einer Änderung der Bauordnung erfolgen. Auf 115 Metern verbindet die 1995/96 sanierte Passage die Berliner Straße mit dem Wilhelmplatz. Wurden früher die Textilgeschäfte durch Restaurants und ein Kino ergänzt, so findet sich heute ein breiter Branchenmix, der zum Einkaufen und Flanieren einlädt.

Halle des ehemaligen Kaufhauses Hertie

Empfehlungen

Senckenberg Museum für Naturkunde

Am Museum 1, Tel. 03581 47 600
Di–So 10–17 Uhr
Das 1860 eröffnete Museum gehört seit 2009 zum Verbund der Senckenberg Gesellschaft für Naturforschung. Die Exponate werden auf 1200 m² Fläche präsentiert. Neben Dauerausstellungen zur Erdgeschichte und Biologie der Oberlausitz werden verschiedene Lebensräume der Erde vorgestellt, ergänzt durch Wechselausstellungen.

Stadthalle

Am Stadtpark 1, Tel. 03581 738 171
Das beeindruckende Jugendstilbauwerk wurde 1910 von Bernhard Sehring für die Schlesischen Musikfeste errichtet. Der Große Saal mit der Sauer-Orgel bietet 1700 Gästen Platz. Gegenwärtig bemüht sich ein Förderverein um die Wiedereröffnung des sanierungsbedürftigen Gebäudes.

Meridianstein

Am Stadtpark
Am Rande des Stadtparks in unmittelbarer Nähe zur Stadthalle steht der Meridianstein. Er wurde 1961 von Carl Däunert aus Lausitzer Granit geschaffen. Görlitz liegt exakt auf dem 15. Grad östlicher Länge und ist damit genau eine Stunde vom Nullmeridian in Greenwich entfernt.

Oberlausitzer Ruhmeshalle

Ulica parkowa 1, Tel. 48 75 77 52 415
1902 wurde der der historistische Monumentalbau von Kaiser Wilhelm II. eingeweiht. Entworfen hatte ihn Hugo Behr, die Figurengruppen »Krieg« und »Frieden« an der Fassade schuf Hugo Lederer. Heute dient das Bauwerk als Kulturhaus der Stadt Zgorzelec.

Viadukt

Die Brücke über das Tal der Neiße gehört zu den großen Ingenieurleistungen des 19. Jahrhunderts. Von 1844 bis 1847 wurde sie aus Lausitzer Granit errichtet, um die Eisenbahnstrecke von Görlitz nach Breslau voranzutreiben. Einen Tag vor Ende des Zweiten Weltkrieges wurden die höchsten Bögen von der Waffen-SS gesprengt. 1950 konnte der Bahnverkehr wieder rollen.

Landskron-Brauerei

An der Landskronbrauerei 116, Tel. 03581 46 50

Die »östlichste Brauerei Deutschlands« wurde 1869 gegründet. Noch heute wird das Landskron-Bier besonders lange in den Felskellern gelagert. Doch die Brauerei ist auch zu einem kulturellen Zentrum von Görlitz geworden, wo Konzerte und andere Veranstaltungen stattfinden. Führungen gibt es in unterschiedlichen Varianten.

Naturschutz-Tierpark

Zittauer Straße 43, Tel. 03581 40 74 00

April – Okt. 8–18 Uhr, Nov. – März 8 Uhr bis Einbruch der Dunkelheit

Der kleine Tierpark entstand in den 1950er Jahren. 2008 wurde er von MDR-Zuschauern zum schönsten Zoo Sachsens, Sachsen-Anhalts und Thüringens gewählt. Etwa 130 Tierarten sind zu sehen. Für Kinder gibt es einen Streichelzoo und einen Klettergarten.

Spielzeugmuseum

Rothenburger Straße 7, Tel. 03581 405 870

Mi–Fr 10–12 Uhr und 14–16 Uhr, Sa/So 14–17 Uhr

Das Museum wurde am 1. Juni 2000 eröffnet. Etwa 4000 Exponate aus dem erzgebirgischen Spielzeuggewerbe werden gezeigt. Dazu gehört eine komplette Spielzeugmacherstube aus der Zeit um 1900. Für kleine Besucher gibt es ein Spielzimmer.

Kathedrale St. Jakobus

An der Jakobuskirche 4, Tel. 03581 406 200

Messe Mo–Sa 18 Uhr, So 8.30 Uhr und 10 Uhr

Die neogotische Kirche wurde 1900 errichtet. Nach Kriegsschäden wurde das katholische Gotteshaus bis 1982 saniert. Mit der Umwandlung der vormaligen Apostolischen Administratur in ein Bistum wurde 1994 St. Jakobus in den Rang einer Kathedrale erhoben..

Jägerkaserne

Hugo-Keller-Straße 14, Tel. 03581 66 30

Nach Abriss der Stadtbefestigung wurde auf dem Gelände bis 1858 die Kaserne für das 5. Jägerbataillon des preußischen Heeres errichtet. Es wirkt selbst wie eine Festung. Nach der Sanierung ab 1990 dient es heute der Stadtverwaltung und seit 2008 der Verwaltung des Landkreises Görlitz.

Görlitz an einem Tag. Ein Stadtrundgang
2. aktualisierte Auflage, 2013

Text: Jens Kassner
Karte: Torsten Pape
Fotos: Jens Kassner, außer: Wolfgang Pehlemann (S. 24 / 25)
Satz, Gestaltung: Gabine Heinze, TOUMAart, Leipzig
Herstellung: Druckerei Wagner, Siebenlehn

Umschlag:
1 Brüderstraße
2 Blick über die Altstadt vom Rathausturm
3 Ratshof, Treppe zum Gerichtsflügel
4 Hauszeichen an der Neißstraße
5 Stadtansicht, 1575

www. lehmstedt.de

ISBN 978-3-942473-05-7